中华人民共和国
植物新品种保护条例

中国法治出版社

中华人民共和国植物新品种保护条例
ZHONGHUA RENMIN GONGHEGUO ZHIWU XINPINZHONG BAOHU TIAOLI

经销/新华书店
印刷/保定市中画美凯印刷有限公司
开本/850 毫米×1168 毫米　32 开　　　　　　印张/1　字数/11 千
版次/2025 年 5 月第 1 版　　　　　　　　　　2025 年 5 月第 1 次印刷

中国法治出版社出版
书号 ISBN 978-7-5216-5303-8　　　　　　　　　定价：5.00 元

北京市西城区西便门西里甲 16 号西便门办公区
邮政编码：100053　　　　　　　　　传真：010-63141600
网址：http://www.zgfzs.com　　　　编辑部电话：010-63141670
市场营销部电话：010-63141612　　　印务部电话：010-63141606

（如有印装质量问题，请与本社印务部联系。）

目 录

中华人民共和国国务院令（第 807 号）············(1)

中华人民共和国植物新品种保护条例··············(2)

司法部、农业农村部负责人就《中华人民共和国植物新品种保护条例》修订答记者问 ··················(23)

中华人民共和国国务院令

第 807 号

《中华人民共和国植物新品种保护条例》已经 2025 年 4 月 18 日国务院第 57 次常务会议修订通过，现予公布，自 2025 年 6 月 1 日起施行。

总理　李强

2025 年 4 月 29 日

中华人民共和国
植物新品种保护条例

(1997年3月20日中华人民共和国国务院令第213号公布 根据2013年1月31日《国务院关于修改〈中华人民共和国植物新品种保护条例〉的决定》第一次修订 根据2014年7月29日《国务院关于修改部分行政法规的决定》第二次修订 2025年4月29日中华人民共和国国务院令第807号第三次修订)

第一章 总 则

第一条 为了保护植物新品种权,鼓励培育和推广应用植物新品种,促进农业、林草业的发展,根据《中华人民共和国种子法》,制定本条例。

第二条 本条例所称植物新品种,是指经过人工选育或者对发现的野生植物加以改良,具备新颖性、特异性、一致性、稳定性和适当命名的植物品种。

第三条 植物新品种保护工作应当坚持中国共产党的领导,贯彻党和国家知识产权战略部署,促进育种创新,推动种业高质量发展。

第四条 国务院农业农村、林业草原主管部门按照职责分工负责全国植物新品种保护工作,开展植物新品种权申请的受理和审查,并对符合本条例规定的植物新品种授予植物新品种权(以下称品种权);健全植物新品种测试体系,完善繁殖材料保藏管理,加强植物新品种保护宣传培训和相关技术研究。

县级以上地方人民政府农业农村、林业草原主管部门依照各自职责,负责本行政区域内的植物新品种保护工作。

第五条 对在植物新品种培育和推广应用等工作中做出突出贡献的单位和个人,按照国家有关规定给予表彰和奖励。

第六条 生产、经营和推广被授予品种权的植物新品种（以下称授权品种），应当符合有关种子管理的法律法规的规定。

第二章 品种权的内容和归属

第七条 品种权所有人（以下称品种权人）对其授权品种，享有排他的独占权。除法律和本条例另有规定外，任何单位或者个人未经品种权人许可，不得对该授权品种的繁殖材料，实施下列行为：

（一）生产、繁殖和为繁殖而进行处理；

（二）许诺销售、销售；

（三）进口、出口；

（四）为实施本款第一项至第三项行为进行储存。

实施前款规定的行为，涉及由未经许可使用授权品种的繁殖材料而获得的收获材料的，应当得到品种权人的许可；但是，品种权人对繁殖材料已有合理机会行使其权利的除外。

对下列品种实施第一款、第二款规定的行为，应当得到授权品种的品种权人的许可：

（一）授权品种的实质性派生品种，但该授权品种本身不是实质性派生品种；

（二）与授权品种相比，不具备本条例第十六条规定的明显区别的品种；

（三）为商业目的重复使用授权品种进行生产或者繁殖的另一品种。

第八条 国家分步实施实质性派生品种制度，国务院农业农村、林业草原主管部门以目录形式确定具体实施范围，报国务院批准后公布施行。

实质性派生品种主要依据分子检测、表型测试结果判定，必要时综合考虑育种方法、选育过程、亲缘关系等因素。国务院农业农村、林业草原主管部门应当制定实质性派生品种判定指南，确定适用范围、检测和测试方法、判定阈值、技术流程等，并明确检测、测试机构应当具备的条件。

国务院农业农村、林业草原主管部门组建由育种、检测、测试、管理及法律等方面专家组成的专家库，为实施实质性派生品种制度提供专业支持。

第九条 执行本单位的任务或者主要是利用本单位的物质技术条件所完成的职务育种，品种权的申请权属于该单位；非职务育种，品种权的申请权属于完成育种的个人。利用本单位的物质技术条件所完成的育种，单位与完成育种的个人对品种权的申请权有合同约定的，从其约定。

委托育种或者合作育种，当事人可以在合同中约定品种权的申请权归属；没有合同约定的，品种权的申请权属于受委托完成或者共同完成育种的单位或者个人。

申请被批准后，品种权属于申请人。

第十条 一个植物新品种只能授予一项品种权。两个以上的申请人分别就同一个植物新品种申请品种权的，品种权授予最先申请的人；同时申请的，品种权授予最先完成该植物新品种育种的人。

第十一条 品种权的申请权和品种权可以依法转让。

中国的单位或者个人就其在境内培育的植物新品种向外国人、外国企业或者外国其他组织转让申请权或者品种权的，应当经国务院农业农村、林业草原主管部门批准。

转让申请权或者品种权的，当事人应当订立书面合同，并向国务院农业农村、林业草原主管部门登记,由国务院农业农村、林业草原主管部门予以公告。转让自登记之日起生效。

以品种权出质的,由出质人和质权人共同向国务院农业农村、林业草原主管部门办理出质登记,由国务院农业农村、林业草原主管部门予以公告。

第十二条 在下列情况下使用授权品种的,可以不经品种权人许可,不向其支付使用费,但是不得侵犯品种权人依照本条例和有关法律、行政法规享有的其他权利:

(一)利用授权品种进行育种及其他科研活动;

(二)农民自繁自用授权品种的繁殖材料。

第十三条 为了国家利益或者社会公共利益,国务院农业农村、林业草原主管部门可以作出实施品种权强制许可的决定,并予以登记和公告。

取得实施强制许可的单位或者个人应当付给品种权人合理的使用费,其数额由双方商定;双方不能达成协议的,由国务院农业农村、林业草原主管部门裁决。

品种权人对强制许可决定不服的,品种权人和取得实施强制许可的单位或者个人对强制许可使用费的裁决不服的，可以依法提起诉讼。

取得实施强制许可的单位或者个人不享有独占的实施权，并且无权允许他人实施。

第三章　授予品种权的条件

第十四条　申请品种权的植物新品种应当属于国家植物品种保护名录中列举的植物的属或者种。植物品种保护名录由国务院农业农村、林业草原主管部门确定和公布。

对违反法律，危害社会公共利益、生态环境的植物新品种，不授予品种权。

第十五条　授予品种权的植物新品种应当具备新颖性。新颖性，是指申请品种权的植物新品种在申请日前该品种繁殖材料、收获材料未被销售、推广，或者经申请权人自行或者同意销售、推广该品种繁殖材料、收获材料，在中国境内未超过 1 年；在境外，木本、藤本植物品种未超过 6 年，其他植物品种未超过 4 年。

2016 年 1 月 1 日《中华人民共和国种子法》施行

后新列入植物品种保护名录的植物的属或者种，从名录公布之日起1年内提出品种权申请的，申请日前在中国境内销售、推广该品种繁殖材料、收获材料未超过4年的，具备新颖性。

除销售、推广行为丧失新颖性外，下列情形视为已丧失新颖性：

（一）品种经省、自治区、直辖市人民政府农业农村、林业草原主管部门依据播种面积确认已经形成事实扩散的；

（二）农作物品种已审定或者登记2年以上未申请植物新品种权的。

第十六条　授予品种权的植物新品种应当具备特异性。特异性，是指一个植物品种有一个以上性状明显区别于已知品种。

第十七条　授予品种权的植物新品种应当具备一致性。一致性，是指一个植物品种的特性，除可预期的自然变异外，群体内个体间相关的特征或者特性表现一致。

第十八条　授予品种权的植物新品种应当具备稳定性。稳定性，是指一个植物品种经过反复繁殖后或者在特定繁殖周期结束时，其主要性状保持不变。

第十九条 授予品种权的植物新品种应当具备适当的名称，并与相同或者相近的植物属或者种中已知品种的名称相区别。该名称经授权后即为该植物新品种的通用名称。不论授权品种的保护期是否届满，销售、推广该授权品种应当使用其授权的名称。

下列名称不得用于品种命名：

（一）仅以数字表示的；

（二）违反社会公德的；

（三）对植物新品种的特征、特性或者育种者身份等容易引起误解的；

（四）损害他人在先权利的；

（五）法律、行政法规以及国家规定禁止的其他情形。

同一植物品种在申请新品种保护和品种审定、品种登记、销售、推广时只能使用同一个名称。

第四章 品种权的申请和受理

第二十条 中国的单位或者个人申请品种权的，

可以直接或者委托代理机构向国务院农业农村、林业草原主管部门提出申请。

中国的单位或者个人申请品种权的植物新品种涉及国家安全或者重大利益需要保密的，应当按照国家有关规定办理。

第二十一条　外国人、外国企业或者外国其他组织在中国申请品种权的，应当按其所属国和中华人民共和国签订的协议或者共同参加的国际条约办理，或者根据互惠原则，依照本条例办理。

在中国没有经常居所或者营业场所的外国人、外国企业或者外国其他组织，向国务院农业农村、林业草原主管部门提出品种权申请的，应当委托在中国依法设立的代理机构办理。

第二十二条　申请品种权的，应当向国务院农业农村、林业草原主管部门提交符合规定格式要求的申请文件。

申请文件应当使用中文书写。

第二十三条　国务院农业农村、林业草原主管部门收到品种权申请文件之日为申请日；申请文件是邮寄的，以寄出的邮戳日为申请日。

第二十四条 申请人自在外国第一次提出品种权申请之日起12个月内，又在中国就该植物新品种提出品种权申请的，依照该外国同中华人民共和国签订的协议或者共同参加的国际条约，或者根据相互承认优先权的原则，可以享有优先权。

申请人要求优先权的，应当在申请时提出书面说明，并在3个月内提交经原受理机关确认的第一次提出的品种权申请文件的副本；未依照本条例规定提出书面说明或者提交申请文件副本的，视为未要求优先权。

第二十五条 对符合本条例第二十二条规定的品种权申请，国务院农业农村、林业草原主管部门应当予以受理，明确申请日、给予申请号，并自收到申请之日起1个月内通知申请人缴纳申请费。

对不符合或者经修改仍不符合本条例第二十二条规定的品种权申请，国务院农业农村、林业草原主管部门不予受理，并通知申请人。

第二十六条 申请人可以在品种权授予前修改或者撤回品种权申请。

第二十七条 任何单位或者个人将在中国境内培

育的植物新品种向境外申请品种权的，应当向国务院农业农村、林业草原主管部门登记；向境外提供繁殖材料的，应当遵守《中华人民共和国种子法》关于向境外提供种质资源的规定。

第五章 品种权的审查与批准

第二十八条 申请人缴纳申请费后，国务院农业农村、林业草原主管部门对品种权申请的下列内容进行初步审查：

（一）是否属于植物品种保护名录列举的植物属或者种的范围；

（二）是否符合本条例第二十一条的规定；

（三）是否符合新颖性的规定；

（四）植物新品种的命名是否适当。

第二十九条 国务院农业农村、林业草原主管部门应当自受理品种权申请之日起3个月内完成初步审查；情况复杂的，可以延长3个月。对经初步审查合格的品种权申请，国务院农业农村、林业草原主管部门予以公告，并通知申请人在3个月内缴纳审查费。

对经初步审查不合格的品种权申请,国务院农业农村、林业草原主管部门应当通知申请人在3个月内陈述意见或者予以修正。逾期未答复的,品种权申请视为撤回;修正后仍然不合格的,驳回申请。

第三十条 申请人按照规定缴纳审查费后,国务院农业农村、林业草原主管部门对品种权申请的特异性、一致性和稳定性进行实质审查。

申请人未按照规定缴纳审查费的,品种权申请视为撤回。

第三十一条 国务院农业农村、林业草原主管部门主要依据申请文件和其他有关书面材料进行实质审查。国务院农业农村、林业草原主管部门认为必要时,可以委托指定的测试机构进行测试或者考察业已完成的种植或者其他试验的结果。

因审查需要,申请人应当根据国务院农业农村、林业草原主管部门的要求提供必要的资料和该植物新品种的繁殖材料。

第三十二条 对经实质审查符合本条例规定的品种权申请,国务院农业农村、林业草原主管部门应当作出授予品种权的决定,颁发品种权证书,并予以登记和公告，品种权自授权公告之日起生效。

对经实质审查不符合本条例规定的品种权申请，国务院农业农村、林业草原主管部门予以驳回，并通知申请人。

第三十三条 国务院农业农村、林业草原主管部门设立植物新品种复审委员会（以下称复审委员会）。

对驳回品种权申请的决定不服的，申请人可以自收到通知之日起3个月内，向复审委员会请求复审。复审请求符合规定的，复审委员会应当自收到之日起6个月内作出决定，并通知申请人。依法需要检测、测试鉴定的，所需时间不计算在规定期限内。

申请人对复审委员会的复审决定不服的，可以依法提起诉讼。

复审的具体规定由国务院农业农村、林业草原主管部门制定。

第三十四条 品种权被授予后，在自初步审查合格公告之日起至被授予品种权之日止的期间，任何单位或者个人违反本条例第七条规定的，品种权人享有追偿的权利。

第六章 品种权的期限、终止和无效

第三十五条 品种权的保护期限,自授权公告之日起,木本、藤本植物为25年,其他植物为20年。

第三十六条 品种权人应当自被授予品种权的当年开始缴纳年费,并且按照国务院农业农村、林业草原主管部门的要求提供用于检测、测试的该授权品种的繁殖材料。

第三十七条 有下列情形之一的,品种权在其保护期限届满前终止:

(一) 品种权人以书面声明放弃品种权的;

(二) 品种权人未按照规定缴纳年费的;

(三) 品种权人未按照国务院农业农村、林业草原主管部门的要求提供检测、测试所需的该授权品种的繁殖材料的;

(四) 经检测、测试该授权品种不再符合被授予品种权时的特征和特性的。

品种权的终止,由国务院农业农村、林业草原主管部门登记和公告。

第三十八条 自公告授予品种权之日起,复审委员会可以依据职权或者依据任何单位或者个人的书面请求,对不符合本条例第十五条至第十八条规定的,宣告品种权无效;对不符合本条例第十九条规定的,责令更名,拒不更名的,宣告品种权无效。宣告品种权无效或者更名的决定,由国务院农业农村、林业草原主管部门登记和公告,并由复审委员会通知当事人。

当事人对复审委员会的无效宣告决定不服的,可以依法提起诉讼。

第三十九条 被宣告无效的品种权视为自始不存在。

宣告品种权无效的决定,对在宣告前人民法院作出并已执行的植物新品种侵权的判决、调解书,县级以上人民政府农业农村、林业草原主管部门作出并已执行的植物新品种侵权处理决定,以及已经履行的品种权实施许可合同和品种权转让合同,不具有追溯力。但是,因品种权人的恶意给他人造成损失的,应当给予合理赔偿。

依照前款规定不返还植物新品种侵权赔偿金、品种权使用费、品种权转让费,明显违反公平原则的,应当全部或者部分返还。

第四十条 当事人因不可抗力而延误本条例规定的期限或者国务院农业农村、林业草原主管部门指定的期限，导致其权利丧失的，自障碍消除之日起2个月内且自期限届满之日起2年内，可以向国务院农业农村、林业草原主管部门说明理由，并附具有关证明文件，请求恢复其权利。

当事人因其他正当理由而延误本条例规定的期限或者国务院农业农村、林业草原主管部门指定的期限，导致其权利丧失的，可以自收到国务院农业农村、林业草原主管部门通知之日起2个月内向国务院农业农村、林业草原主管部门说明理由，请求恢复其权利；但是，延误复审请求期限的，可以自复审请求期限届满之日起2个月内向国务院农业农村、林业草原主管部门请求恢复其权利。

当事人请求延长国务院农业农村、林业草原主管部门指定期限的，应当在期限届满前，向国务院农业农村、林业草原主管部门说明理由并办理有关手续。

本条第一款和第二款的规定不适用本条例第十五条、第二十四条、第三十五条规定的期限。

第七章 法律责任

第四十一条 违反本条例第七条规定，有侵犯品种权行为的，由当事人协商解决。不愿协商或者协商不成的，品种权人或者利害关系人可以请求县级以上人民政府农业农村、林业草原主管部门依据各自的职权进行处理，也可以依法提起诉讼。

县级以上人民政府农业农村、林业草原主管部门依据各自的职权，根据当事人自愿的原则，对侵犯品种权所造成的损害赔偿可以进行调解。调解达成协议的，当事人应当履行；当事人不履行协议或者调解未达成协议的，品种权人或者利害关系人可以依法提起诉讼。

县级以上人民政府农业农村、林业草原主管部门处理侵犯品种权案件时，为了维护社会公共利益，责令侵权人停止侵权行为，没收违法所得和植物品种繁殖材料；货值金额不足5万元的，并处1万元以上25万元以下罚款；货值金额5万元以上的，并处货值金额5倍以上10倍以下罚款。

第四十二条 假冒授权品种的，由县级以上人民政府农业农村、林业草原主管部门责令停止假冒行为，没收违法所得和植物品种繁殖材料；货值金额不足5万元的，并处1万元以上25万元以下罚款；货值金额5万元以上的，并处货值金额5倍以上10倍以下罚款；构成犯罪的，依法追究刑事责任。

第四十三条 县级以上人民政府农业农村、林业草原主管部门在查处侵犯品种权案件和假冒授权品种案件时，有权依法采取下列措施：

（一）进入生产经营场所进行现场检查；

（二）对植物品种的繁殖材料、收获材料进行取样测试、试验或者检验；

（三）查阅、复制与涉嫌违法行为有关的合同、票据、账簿、生产经营档案及其他有关资料；

（四）查封、扣押有证据证明是侵犯品种权或者假冒授权品种的植物品种繁殖材料，以及用于侵犯品种权或者假冒授权品种的工具、设备及运输工具等；

（五）查封从事侵犯品种权或者假冒授权品种活动的场所。

县级以上人民政府农业农村、林业草原主管部门依法行使前款规定的职权时，当事人应当协助、配合，不得拒绝、阻挠。

第四十四条 当事人就品种权的申请权和品种权的权属发生争议的，可以依法提起诉讼。

第四十五条 对不知道是侵犯品种权的繁殖材料、收获材料实施下列行为，能够证明有合法来源的，不承担赔偿责任：

（一）为他人繁殖而进行处理；

（二）许诺销售、销售；

（三）为实施前两项行为进行储存。

第四十六条 县级以上人民政府农业农村、林业草原主管部门及有关部门工作人员滥用职权、玩忽职守、徇私舞弊或者索取、收受贿赂的，依法给予处分；构成犯罪的，依法追究刑事责任。

第四十七条 在品种权申请过程中存在欺骗、隐瞒、伪造等不诚信行为的，由国务院农业农村、林业草原主管部门按照国家有关规定记入相关主体信用记录，并向社会公布。

第八章　附　则

第四十八条　本条例下列用语的含义是：

（一）繁殖材料是指可用于繁殖的植物整株或者部分，包括籽粒、果实、根、茎、苗、芽、叶、花等；

（二）收获材料是指经过种植后获得的植物整株或者部分。

第四十九条　本条例自2025年6月1日起施行。

司法部、农业农村部负责人就《中华人民共和国植物新品种保护条例》修订答记者问

2025年4月29日,国务院总理李强签署第807号国务院令,公布修订后的《中华人民共和国植物新品种保护条例》(以下简称《条例》),自2025年6月1日起施行。日前,司法部、农业农村部负责人就《条例》有关问题回答了记者提问。

问: 请简要介绍一下《条例》的修订背景。

答: 党中央、国务院高度重视种业创新。习近平总书记强调,要下决心把我国种业搞上去,抓紧培育具有自主知识产权的优良品种,从源头上保障国家粮食安全。我国于1997年公布施行《中华人民共和国植物新品种保护条例》,建立植物新品种保护制度。2015年修订的种子法对植物新品种保护作了专章规

定。2021年12月，全国人大常委会通过关于修改种子法的决定，主要对关于植物新品种保护的规定作了修改，进一步提高了植物新品种保护水平。为贯彻落实新修改的种子法，有必要修订现行《条例》。

问：修订《条例》的总体思路是什么？

答：修订《条例》遵循以下总体思路：一是坚持党对植物新品种保护工作的领导，贯彻落实党中央、国务院关于实施种业振兴行动和加强知识产权法治保障的决策部署，加强植物新品种保护，促进种业创新发展。二是贯彻落实修改后的种子法，进一步细化、完善相关制度。三是与相关国际条约做好衔接。

问：《条例》在提高保护水平方面作了哪些规定？

答：为了加强品种权保护，激励育种创新，《条例》从以下方面完善了相关制度。一是细化、扩展品种权权利内容，将保护范围由授权品种的繁殖材料延伸到收获材料，将保护环节由生产、繁殖、销售扩展到为繁殖而进行处理、许诺销售、进口、出口、储存，将品种权效力延及授权品种的实质性派生品种、与授权品种相比不具备明显区别的品种、为商业目的重复使用授权品种进行生产或者繁殖的另一品种。二是对实施实质性派生品种制度作出安排，明确国家分步实施实质性派生品种制度，国务院农业农村、林业草原主管部门以目录形式确定具体实施范围，报国务院批准后公布施行。三是明确权利归属约定优先，规定利用本单位的物质技术条件所完成的育种，单位与完成育种的个人对品种权的申请权有约定的从其约定。四是延长品种权保护期限，将木本、藤本植物的保护期限由20年延长到25年，其他植物由15年延长到20年。

问：《条例》在严格品种权授予条件方面作了哪些规定？

答：为了规范品种权申请，提升授权质量，《条例》从以下方面完善了相关制度。一是规定对违反法律，危害社会公共利益、生态环境的植物新品种，不授予品种权。二是规定除销售、推广行为丧失新颖性外，经省级人民政府农业农村、林业草原主管部门依据播种面积确认已经形成事实扩散的，以及农作物品种已审定或者登记2年以上未申请植物新品种权的，视为已丧失新颖性。三是加强对授权品种的名称管理，增加不得用于品种命名的情形，并明确授权品种名称不符合命名规定的,责令更名,拒不更名的,宣告品种权无效。

问:《条例》在完善品种权申请、授权程序方面作了哪些规定?

答: 为了提高品种权的授权效率,便利当事人,《条例》从以下方面完善了申请、授权程序。一是缩短初步审查期限,将品种权初步审查期限由6个月修改为3个月,情况复杂的可以延长3个月。二是增加权利恢复制度,规定当事人因不可抗力或者其他正当理由而延误本条例规定或者国务院农业农村、林业草原主管部门指定的期限,导致其权利丧失的,可以向主管部门说明理由,请求恢复其权利。三是强化向境外申请品种权管理,将向境外申请品种权的登记部门由省级人民政府农业农村、林业草原主管部门调整为国务院农业农村、林业草原主管部门,并要求向境外提供繁殖材料应当遵守种子法关于向境外提供种质资源的规定。

问:《条例》施行后,需要重点做好哪些工作?

答: 农业农村部将和有关部门共同做好《条例》的贯彻实施工作。一是加大宣传解读力度。针对《条例》专业性比较强的特点，采取多种形式做好种子法及《条例》的解读、宣传和培训工作，帮助指导科研育种单位、种子企业、相关管理机构和从业者学习掌握《条例》内容。二是抓紧完善配套制度。统筹推进《条例》配套部门规章制度制修订工作，进一步增强植物新品种保护法律制度体系的系统性、整体性、协同性。三是切实抓好贯彻实施工作。认真落实种子法及《条例》规定，提升种业监管执法能力和水平，依法严格查处假冒侵权等违法违规行为，营造保护创新、激励创新的良好环境。